lucht

gezicht

paleis

koning

prinses

bonbons

lecht

AVI:	M4
Leesmoeilijkheid:	woorden eindigend op -ch en -cht (toch, nacht, bericht)
Thema:	fantasie

Zwijsen

Trude de Jong
Ik ben het leukst!

met tekeningen van Jaap de Vries

Centrale Bibliotheek
Oosterdokskade 143
1011 DL Amsterdam
0900-bibliotheek (0900-2425468)
www.oba.nl

Bikkels

Naam: *Klaar de Wit*
Ik woon met: *papa en mama en Kees*
Dit doe ik het liefst: *voetballen*
Hier heb ik een hekel aan: *de afwas*
Later word ik: *voetballer*
Op school vind ik dit het leukst: *gym*

Pien

Klaar en Kees staan aan de gracht.
Ze kijken naar het grote huis.
Er komen nieuwe mensen wonen.
Zou er een kind bij zijn?
Uit een auto stapt een meisje.
'Ik ben Pien,' zegt ze.
'Ik heet Kees en dat is Klaar.
We zijn een tweeling.
We wonen op nummer acht.'
'In dat kleine huisje?' vraagt Pien.
'Ons vliegtuig is veel groter.'
'Heb jij een vliegtuig?' vraagt Klaar.
'Waar is dat dan?'
'Op het vliegveld, wat dacht je?
Wij gaan gauw een reis maken.
Dan vliegen we naar alle landen.
We blijven wel een maand weg,
want ik hoef niet naar school.'
'Mogen wij mee, Pien?
Wij gaan deze zomer niet weg.'
Pien schudt van nee.
'Het vliegtuig is bijna vol.

Er kan nog maar één kind mee.
Dus ik moet kiezen.
Wie van jullie is het leukst?'
'Ik!' roepen Klaar en Kees.
'Jullie kunnen dat wel zeggen ...
Wacht, ik heb een plan.
Jullie doen een wedstrijd.
Wie het leukst is, mag mee.'
'Wat moet ik doen?' vraagt Kees.
'Verzin zelf maar wat,' zegt Pien.
'Ik ben gewoon op mijn kamer.
Dag!'
Pien loopt het huis in.
'Het is een stom kind,' zegt Kees.
'Wat verbeeldt ze zich wel!'
'Zag je die rare vlecht, Kees?
Toch wil ik met dat vliegtuig mee.'
'Nee, ík ga mee, want ik ben het leukst.'
'Ach jongen, krijg het heen en weer!
Ik heb een prachtplan.'
Klaar rent naar haar huis.
Kees holt achter haar aan.
'Ik ook!' roept hij.
Maar hij heeft nog niks bedacht.

Snoepen

Klaar drukt op de bel van de buren.
Pien doet open.
'Ik heb iets grappigs voor je, Pien.'
'Wat zou dat zijn?
Mam, dit is Klaar, mijn vriendin.'
Mama lacht en geeft Klaar een hand.
'Let maar niet op de troep,' zegt ze.
'We gaan naar mijn kamer, mama.'
Pien en Klaar lopen de trap op.
'Mijn ouders zijn rijk,' zegt Pien.
'Ik krijg een panda van ze.
Die nemen ze mee uit het oerwoud.'
Zou dat waar zijn? denkt Klaar.
Die Pien is wel een spannend kind!
In de grote kamer is veel speelgoed.
'Kom op met dat pakje, Klaar.'
Pien rukt het papier van het pakje.
Ze houdt een bol vol bonbons vast.
'Ik heb eerst de bonbons zacht gemaakt.
Toen heb ik ze op een ballon geplakt.'
Pien prikt er met een schaar in.
Klaar schrikt van de knal.

Pien propt de bonbons naar binnen.
'Vuurwerk en snoep, dat is gaaf.'
'Ik heb iets veel beters bedacht!'
Kees staat in de kamer.
Hij geeft Pien een lang pakje.
Pien haalt het papier eraf.
Klaar ziet een hoge toren.
Hij is gemaakt van koekjes.
'Er zit stroop tussen,' zegt Kees.
'En er zit slagroom op.'
'Hij is niet recht,' zegt Klaar.
'Het is de scheve toren van Pisa!'

'Gaan we daar heen met je vliegtuig?'
Pien neemt een hap van de toren.
'Ook heel lekker,' zegt ze.
'Ik kan niet kiezen.
Bedenk maar wat nieuws.'
Pien pakt een boek.
Ze gaat op bed liggen lezen.
Ze eet koekjes en bonbons.
Klaar en Kees lopen naar huis.
'Ik ben haar knecht niet,' zegt Kees.
'Mij ziet ze niet meer,' zegt Klaar.
'Ik ga met mijn nieuwe voetbal spelen.'

Verven

Er gaat een uur voorbij.
Kees belt aan bij Pien.
'Ze is boven,' zegt haar mama.
'Je weet de weg wel.'
Pien ziet een beetje bleek.
'Ik hoef niks meer te eten.
Heb je iets anders bedacht?'
'Dit is kunst,' zegt Kees.
'Voor jou maakte ik deze strip.
Jij en ik in een vliegtuig.
Zie je hoe leuk dat is?'

Klaar stapt de kamer in.
'Wat doe jij hier?' vraagt Kees.
'Je ging toch met je voetbal spelen?'
'Jij zou ook in huis blijven, broertje.
Maar ik kon Pien niet missen.'
'Stom wicht,' zegt Kees.
'Ik heb verf bij me,' zegt Klaar.
'Zullen we samen verven, Pien?'
Pien schroeft de potjes open.
'De muren zijn saai,' zegt ze.
'Die gaan we mooi maken.
Lekker met onze vingers!'
De tweeling stopt hun handen in de verf.
Ze zetten strepen en cirkels op de muur.
'Veel meer rood, Klaar!
En jij moet meer zwart nemen, Kees!'
Twee muren zijn bedekt met verf.
Vier handen en twee neuzen ook.
'Wat is dat?' vraagt mama.
'Zijn de muren in jullie huis ook zo?'
'We dachten dat het mocht,' zegt Kees.
'Gaf jij die opdracht, Pien?'
'Nee mam, ze deden het zelf.'
'Er moet nog behang op de muur,

dus het is niet zo erg,' zegt mama.
'Maken jullie je maar gauw schoon.
En dan braaf spelen, hoor.'
Mama loopt de deur uit.
'Jullie zijn een suffe tweeling.
Het meisje hiernaast belde op.
Emma zit op mijn school.
Ze haat alles wat saai is.
Ik denk dat ik haar meeneem.'

De koning en de kat

'Wacht!' roept Kees.
'Ik weet een spannend verhaal!
Ik ben een echte prins!'
'Dan ben ik een echte prinses!'
'Dat had je gedacht,' zegt Kees.
'Mijn vader is koning in een ver land.
Hij is rijk en woont in een paleis.
Ik ga later ook koning worden.
Toen ik klein was, ben ik ontvoerd.
Door mijn boze oom.
Hij wilde zelf koning worden.
Hij nam me mee op een boot.
En legde me hier voor de deur.
Pap en mam wilden me houden.
Ze vonden mij veel leuker dan jou.
Maar het was zielig om je weg te doen.'
'Je liegt dat je barst, broer!'
'Lieve zus, ik kreeg een bericht.
Mijn ouders wachtten lang op me.
Mijn neef vond me.
Kom terug, mijn prins, schreef hij.
Jij moet onze koning worden.

Dat is je plicht.'
Kees kijkt naar Pien.
'Vlieg je mee naar mijn land, Pien?
Je mag in mijn paleis blijven,
en slapen in een bed van goud.'
'Dat wil ik wel, koning Kees!
Weet jij nog iets leukers, Klaar?'
'Tuurlijk weet ik dat!
Ik kan met dieren praten.'
'Dat moet ik zien!'
Pien rent weg.
'Wat kun jij liegen, Klaar!'
'Anders jij wel, hoogheid!'
Pien heeft een kat binnen gebracht.
'Zeg eens wat tegen Brecht?'
Klaar vraagt: 'Zoe racht ro fal?'
'Mauw wauw!' doet Brecht.
'Ze wil dat je haar vacht borstelt,
tot die schoon en zacht is.'
'Mauw wauw!'
Brecht vlucht weg.
'Brecht heeft iets ontdekt!' zegt Klaar.
'We moeten haar volgen.'
In de gang staat een grote doos.

Daar achter is de staart van Brecht.
Klaar bukt zich en zoekt.
Ze pakt een armband op.
'Een dief heeft deze armband verstopt.
Hij wil hem wegdoen voor veel geld.'
'Klaar, je bent super!' zegt Pien.
'Die armband is wel een miljoen waard.'
'Ik kan met alle dieren praten,
dus ook met je nieuwe panda.
Neem me mee, en ik vertel je alles.'
'Daar trap je toch niet in, Pien?'
'Jammer dat Kees niet mee mag, Pien.
Boven zijn paleis gooiden we hem eruit.'

Pien zucht: 'Ik kan niet kiezen.
Ik ga er over denken deze nacht.
Komen jullie morgen terug?'
Moe sjokt de tweeling naar huis.
'Wat ben jij een liegbeest, Klaar.
Dat was jouw armband achter die doos.
Die ben je nu kwijt.'
'Kan me niks schelen, prins.
Ik zit straks in dat vliegtuig.'
'Heb je al nieuwe bonbons voor mama?
Ze zocht naar de doos.'
'Hou toch je mond, toren van Pisa!
Heb jij al een nieuw pak koekjes gekocht?'

Wie is het leukst?

Klaar is vroeg wakker.
Ze pakt haar nieuwe voetbal.
Ze zal Pien laten winnen.
Kees zit al aan tafel.
Hij schrijft op een papier.
Klaar pakt het en leest:

'Lieve Pien,
Je hebt zo'n mooi gezicht,
vooral bij kaarslicht.
Ik heb heel de nacht
alleen aan jou gedacht.
Neem mij mee voor een vlucht
hoog in de blauwe lucht!'

Klaar doet alsof ze moet braken.
'Je bent jaloers, Klaar!'
Kees en Klaar hollen weg.
Wie zal Pien kiezen?

'Hoi!'
Pien doet de deur open.
'Ik win, hè Pien, ik mag mee!'
'Nee, ik ben het leukst!'
Klaar trekt aan Kees zijn neus.
Kees rukt aan Klaars haar.
'Stop met dat gevecht!' roept Pien.
'Jullie mogen alle twee mee.'
Ze hollen naar de tuin achter het huis.
Daar staat een piepklein vliegtuig.
'Dat is speelgoed!' roept Kees.
'Wat kun jij liegen, zeg!'
'Jij ook, prins Kees.
En hier is je armband, Klaar.'
'Waarom deed je dat?' vraagt Klaar.
'Ik wou dat jullie me leuk vonden.
Dat was stom van me.'
'Snappen we best,' zegt Kees.
'Maar wat doen we nu?'

'We kunnen toch zeker vliegen?'
Klaar duwt het vliegtuig een heuvel op.
Ze gaat erin zitten met Pien.
'Ik doe de trappers en Kees duwt!

Zijn jullie klaar voor de vlucht?'
Klaar trapt, Kees duwt en springt erop.
Het vliegtuig zweeft van de heuvel.
Ze lachen en roepen alle drie: 'Wauw!'

Wil je meer lezen over Emma, het meisje op pagina 17 dat alles haat wat saai is? Lees dan 'Een beet in mijn bil'! In dit boek is Emma met vakantie. Op een eiland met een oerwoud. Daar beleeft ze samen met een aapje wel een heel spannend avontuur ...

In deze serie zijn de volgende Bikkels verschenen:

Ik ben het leukst!
Een beet in mijn bil
Een feest met een stunt
Lot en de zee
Een boef bij de boer
Sprik en ik
Zing Joon, zing!
Alles voor de hond

fantasie

Toegekend door Cito i.s.m. KPC Groep

1e druk 2008

ISBN 978.90.487.0080.6
NUR 282

© 2008 Tekst: Trude de Jong
Illustraties: Jaap de Vries
Vormgeving: Rob Galema
Uitgeverij Zwijsen B.V., Tilburg

Voor België:
Uitgeverij Zwijsen.be, Antwerpen
D/2008/1919/373